RAPPORT

FACULTÉ DE DROIT DE PARIS

DISTRIBUTION DES PRIX

RAPPORT

SUR LES CONCOURS DE 1885

PAR

M. DUCROCQ, PROFESSEUR

RAPPORT

LU EN SÉANCE PUBLIQUE DE LA FACULTÉ DE DROIT DE PARIS

LE 1ᵉʳ AOUT 1885

SUR

LES CONCOURS POUR LES PRIX DU COMTE ROSSI

ET SUR

LES CONCOURS DE LICENCE ET DE DOCTORAT,

PAR

M. DUCROCQ, Professeur.

MESSIEURS,

La Faculté m'a chargé de rendre compte de tous les concours ouverts cette année devant elle. Je l'en remercie. Son rapporteur général sait apprécier l'honneur de parler au nom de cette grande École. Le Professeur ne connaît pas de joie plus vive que celle de constater le succès des disciples, l'homme d'étude de proclamer les mérites de travaux qui honorent à la fois la science et leurs auteurs, et le citoyen, qui parle toujours sous nos toges, de constater les jeunes talents ou les talents arrivés à leur maturité dont s'enrichit la France.

Les concours ont rarement donné des résultats plus beaux que ceux de cette année. La Faculté est heureuse de pouvoir épuiser, dans ceux dont le caractère est absolument scolaire, presque toutes les récompenses dont elle dispose, et elle en confère de très élevées, à des titres différents, dans les deux concours fondés, par sa veuve, en mémoire du comte Rossi.

Librement ouverts à tous, ces concours peuvent mettre en présence les Français et les étrangers, les maîtres, excepté nous seuls, et les élèves d'hier, les anciens et les jeunes, les pères et les fils.

L'expérience, la science, le talent qu'exigent la réalisation d'une œuvre académique, et la rigueur connue des jugements de la Faculté, en donnant toute leur valeur à ces hautes récompenses, restreignent seules le nombre des concurrents aux prix Rossi.

Cette année le concours de Droit constitutionnel et le concours de Législation civile ont provoqué l'un et l'autre le dépôt d'un mémoire. Ces deux mémoires sont très étendus; ils comprennent chacun environ 300 pages de grand format, d'une écriture fine et serrée. L'un et l'autre révèlent, sur des sujets et à des degrés divers, des talents distingués.

Mais en outre de ces circonstances, malgré la diversité des sujets, des méthodes, des mérites, ces mémoires présentent un trait commun qu'il convient de relever. Ils témoignent l'un et l'autre du mouvement des idées, dont les *Facultés de Droit* sont un des foyers les plus actifs dans l'ordre des études de Droit public et de Droit privé. Ils attestent l'un et l'autre, par leurs développements et leurs conclusions, la vérité de ce sentiment qui nous est commun à tous, que la tâche du jurisconsulte n'est complète et n'a toute sa grandeur, qu'autant que l'explication des textes, de leurs origines, de leurs applications et de leurs conséquences, se trouve accompagnée de la recherche et de l'appréciation de leurs motifs, de leurs rapports, soit avec les milieux et les besoins sociaux qui se modifient, soit avec les lois naturelles immuables et les principes d'éternelle justice.

Cette méthode, à la fois pratique et critique, historique et philosophique, concilie la liberté de l'esprit et de la conscience avec le respect éclairé des lois. Elle prépare les progrès de la législation. Elle se généralise chaque jour davantage, pénètre de plus en plus les esprits; et les deux importants mémoires déposés pour les prix Rossi en sont la preuve. Sur des branches du droit différentes, après une étude approfondie de leurs sujets respectifs et des opinions contradictoires qu'ils soulèvent, ils ont conclu l'un et l'autre dans le sens d'une modification de notre législation nationale sur deux points des plus graves.

L'auteur du mémoire sur le concours de législation civile conclut à la substitution à l'article 3 du Code civil d'une disposition nouvelle.

L'auteur du mémoire sur le concours de Droit constitutionnel, sans atteinte au respect dû aux Lois Constitutionnelles de la République, demande l'établissement d'un système de Haute Cour de justice différent de celui qu'elles consacrent.

Le sujet du concours de Droit constitutionnel était en effet conçu de la manière suivante: « *Des Hautes Cours politiques dans les temps modernes.* »

Il était de nature à inspirer une œuvre de mérite. La Faculté n'a pas été déçue dans son attente, et sur les conclusions unanimes de la Commission[1] chargée du rapport préparatoire, elle décerne le prix Rossi, d'une valeur de 2 000 francs, à l'auteur du mémoire déposé.

Ce n'est pas cependant que quelques parties de ce mémoire ne puissent être utilement complétées; qu'il n'y ait lieu d'enrichir l'introduction de notions sur cette portion de notre ancien Droit public; que d'autres parties du mémoire n'eussent gagné, si l'auteur, à côté des traditions de l'Angleterre en cette matière, avait fait une place aux grands procès politiques de ce pays, comme à ceux de la France, et à des débats qui dans ces dernières années se sont produits sur le continent. Nous estimons aussi qu'il s'est trop référé aux précédents de 1814 à 1848 sur les questions qui, en cas de poursuites devant le Sénat, pourraient actuellement y surgir, tant que le législateur n'aura pas comblé les lacunes de la loi.

Mais la Faculté a pensé, comme sa Commission, que ces réserves laissaient subsister le mérite absolu qui, dans le fond et dans la forme, rendaient ce mémoire digne de la plus haute récompense qu'elle puisse décerner.

L'esprit dans lequel le sujet y est traité se révèle exactement par la belle devise que l'auteur a choisie, en l'empruntant à un magistrat de ce siècle : « Il n'y a de véritable liberté et de véritable jus-« tice que là où le juge se regarde comme esclave de la loi. »

Après l'introduction trop brève dont nous avons parlé, l'auteur a judicieusement divisé son mémoire en cinq grandes parties ou livres, dont chacun est subdivisé en un certain nombre de chapitres.

Le livre Ier est intitulé : « Les Hautes Cours politiques depuis 1789 « jusqu'à la fin du premier Empire ».

Le livre IIe, « La Haute Cour politique sous la monarchie consti-« tutionnelle ».

Le livre IIIe, « La Haute Cour politique depuis la révolution de « février 1848 jusqu'à nos jours ».

Ce troisième livre est naturellement divisé en trois chapitres d'une grande importance, successivement consacrés aux Hautes Cours politiques organisées par les Constitutions de 1848 et de 1852, et au Sénat institué Haute Cour de justice par les Lois constitutionnelles de 1875.

Le livre IVe porte pour titre : « Législation comparée de la Haute « Cour dans les diverses législations étrangères ».

L'auteur a donné des développements importants à cette partie de son travail. Après des « considérations générales », il l'a divisée, d'une manière aussi rationnelle qu'ingénieuse, en 5 chapitres, con-

---

1. Cette Commission était composée de MM. Desjardins, Jalabert, Ducrocq, *rapporteur*, Professeurs; Esmein et Léon Michel, Agrégés.

sacrés : 1° aux « constitutions d'après lesquelles la juridiction poli-
« tique appartient exclusivement au Parlement, » comme dans la
Grande-Bretagne, la Hongrie, l'Italie, l'Espagne, le Portugal, le Bré-
sil, etc. ; 2° aux « constitutions d'après lesquelles la juridiction poli-
« tique appartient exclusivement à la Cour suprême de droit com-
« mun », comme en Belgique, dans les Pays-Bas, en Allemagne, etc.; »
« 3° aux « constitutions d'après lesquelles la juridiction poli-
« tique appartient à une Haute Cour spéciale », comme en Suède,
en Autriche, en Grèce, en Russie; 4° aux « constitutions d'après les-
« quelles le tribunal auquel appartient la juridiction politique pré-
« sente un caractère mixte » ; l'auteur appelle ainsi les Hautes Cours
qui contiennent à la fois un élément appartenant à l'ordre politique
et un élément appartenant à l ordre judiciaire, comme en Norwège,
en Danemark, en Islande et dans le Grand-Duché de Bade; et 5° à la
« constitution des États-Unis et aux constitutions similaires », dont les
caractères essentiels sont d'admettre la mise en accusation par la
Chambre des représentants et le jugement par le Sénat avec une
compétence restreinte au droit de prononcer la destitution et l'in-
capacité d'exercer aucune fonction, sans que l'application par le
Sénat de cette pénalité déterminée fasse obstacle au cours de la justice ordinaire et à l'application des peines de droit commun.

Dans ces quatre premiers livres qui occupent les cinq sixièmes
de l'ouvrage, l'auteur ne s'est pas borné à exposer et à expli-
quer; il apprécie les différents systèmes; et, surtout dans les trois
premiers livres consacrés à la France, il n'a employé la méthode historique, que pour mieux éclairer, par les faits et l'expérience acquise,
les principes formulés et le texte des lois et des constitutions. De
sorte que nulle part l'ouvrage ne présente la sécheresse d'un simple
exposé. L'écrivain en faisant partout la lumière, a su par une saine
critique donner la vie aux différentes parties de son œuvre.

Mais c'est surtout dans le cinquième et dernier livre intitulé
« Conclusion », que l'auteur a résumé ses idées personnelles et con-
centré le principal effort de son esprit. La lecture en est particulièrement attachante ; bien reliée aux quatre livres qui précédent, elle
peut entraîner les convictions de ceux qui d'avance ne pensaient pas
comme l'auteur.

Il fait nettement et justifie son choix, au milieu de cette extrême
diversité de systèmes successivement pratiqués en France ou écrits
dans les législations étrangères. Mais en se prononçant, il a soin de
spécifier sagement qu'il n'entend se placer qu'au point de vue français, et qu'il ne recherche que ce qui lui semble préférable pour
la patrie française.

Il avoue ses tendances premières contre le principe même de l'institution d'une Haute Cour et pour l'application à tous de la juridiction de droit commun. Mais il a été frappé par cette unanimité en

sens contraire, et malgré leur diversité dans la mise en œuvre du principe, de toutes les législations, républicaines ou monarchiques, de la France et de l'étranger ; par l'unanimité aussi de l'opinion des hommes d'État ou des publicistes souvent les plus divisés par leurs doctrines, soit parmi les plus libéraux, soit parmi les plus égalitaires, comme Rousseau, dans un pays dont le caractère dominant, le plus général et le plus énergique, est la passion de l'égalité. Il est ainsi amené à reconnaître « que l'institution d'une Haute Cour se « justifie par les considérations les plus graves ».

Mais, conséquent avec son point de départ, l'auteur du mémoire écarte tous les systèmes, français ou étrangers, qui s'éloignent le plus du droit commun.

Bien que respectueux, non seulement des Lois Constitutionnelles, mais aussi des exemples venus de l'étranger et de l'opinion dans le même sens d'hommes considérables morts ou vivants, l'auteur, obéissant à une conviction ancienne et profonde, n'hésite pas cependant à les réfuter. Il montre les inconvénients et les dangers du système qui place dans le Parlement, dans un corps politique, la Haute Cour de justice. Il ne se borne pas à faire des vœux pour qu'il intervienne une loi sur la responsabilité ministérielle, sur la procédure et le jugement de la Haute Cour ; il demande ce qu'il considère avec une grande élévation de pensée, comme une application plus exacte des principes de justice et de liberté ; il demande, non seulement que des lacunes soient comblées dans les lois existantes, mais que des changements y soient apportés. Il souhaite, non sans logique, deux choses : 1° que le droit de mise en accusation des ministres appartienne cumulativement aux deux Chambres ; 2° et le rétablissement d'une Haute Cour de justice sur le modèle de celle instituée par la Constitution républicaine du 4 novembre 1848, avec un Haut Jury tiré au sort dans tous les Conseils généraux, et une magistrature élue par les membres de la Cour de Cassation et parmi eux, offrant ainsi toutes les conditions de la justice réglée.

Le style du mémoire est en harmonie avec l'indépendance et la fermeté des idées. Je ne puis mieux faire pour vous mettre à même d'en juger, que d'extraire quelques lignes de sa dernière page. C'est un moyen pour nous de résumer, par les mains mêmes de l'auteur, l'idée générale qui se dégage à sa lecture, du fond et de la forme du mémoire couronné.

« Nous l'avouons, dit l'auteur, c'est pour combattre de toutes nos « forces l'attribution au Parlement de la juridiction politique que « nous avons entrepris cette étude. Une telle attribution viole pour « nous les règles fondamentales de la justice. On a beau dire que la « juridiction parlementaire est une institution d'État dont le pou- « voir modérateur est efficace et nécessaire ; nous retrouvons malgré « tout dans cette théorie un écho de la doctrine du salut public,

« Pour nous, nous n'avons cessé de souhaiter, nous ne cesserons
« de poursuivre la séparation aussi complète que possible de la
« politique et de la justice.   . . . Nous croirions avoir rendu un
« éminent service à la cause de la justice et de la liberté, si, dans
« une mesure quelconque, nous avions pu contribuer à faire pré-
« valoir ces idées, à faire passer dans quelques âmes la conviction
« profonde qui anime la nôtre. »

La Faculté, sans intervenir dans le grave débat résolu avec cette
élévation d'idées, et qui plane au-dessus des lois écrites, n'a pas
hésité à décerner le prix Rossi à cet important mémoire, dont l'auteur
s'est montré fidèle à tout ce que commandait un tel nom.

Ce lauréat est M. Lair, ancien conseiller à la Cour d'Appel
d'Angers. Il y a 25 ans, étudiant alors dans cette Faculté, M. Lair
remportait ici-même la médaille d'or du Doctorat, et l'an dernier,
en obtenant une récompense moins élevée dans le concours Rossi
consacré à la législation civile, il préludait au succès complet
d'aujourd'hui.

La Faculté avait formulé le sujet du concours de législation civile
de la manière suivante : « *Exposer les règles du Droit international
« privé en matière de successions ab intestat et de dispositions testa-
« mentaires.* »

Cette proposition embrassait à la fois l'aptitude des étrangers à
transmettre et à recevoir à cause de mort, et le conflit des lois
successorales de la France et des autres pays. Sur ce grave sujet, qui
dans ces derniers temps a inspiré des travaux considérables, la Faculté
désirait une œuvre nouvelle et synthétique qui pût marquer un
pas de plus, accompli dans l'avancement de la science sur ce point.

La Faculté n'a pas obtenu tout ce qu'elle ambitionnait. Mais sur
la proposition de la majorité de la Commission chargée du rapport
préparatoire[1], elle décerne à l'auteur du mémoire déposé une récompense, bien rapprochée du prix, de la valeur de 1 500 francs.

Je suis même autorisé à révéler que les qualités sérieuses du
mémoire ont eu l'honneur de provoquer une dissidence dans la
Commission et qu'une minorité y demandait pour lui l'attribution
intégrale du prix.

Le mémoire en effet mérite de grands éloges pour l'analyse dé-
taillée qu'il présente des règles relatives aux successions et aux
testaments dans le Droit international privé, particulièrement en
France, et dans le droit actuel.

« Dans cette œuvre d'analyse, porte le rapport préparatoire de
« M. Lainé, l'auteur se montre jurisconsulte bien informé, métho-

---

1. Composée de MM. Bufnoir, Renault, Lefebvre, Professeurs; Lainé, *rapporteur*, et Larnaude, Agrégés.

« dique dans le détail, délié et fin dans la recherche de la vérité
« juridique, judicieux dans ses décisions, soucieux de tout voir avec
« netteté, de tout dire avec clarté. C'est peut-être le souci d'être
« parfaitement clair qui l'attarde en certaines longueurs et le rend
« trop souvent indifférent à la concision du style. »

Mais deux reproches principaux ont été adressés au mémoire ;
l'un tient à son ordonnance générale ; l'autre consiste en une grave
lacune au point de vue historique.

L'auteur a très rationnellement divisé le sujet en deux parties,
bien que d'inégale étendue. Il traite dans la première de la capacité
des étrangers en matière de succession *ab intestat* et de dispositions
testamentaires, et dans la seconde, de la loi qui doit régir la succession *ab intestat* et les dispositions testamentaires. Mais il divise cette
seconde partie, consacrée au conflit des lois successorales, en deux
sections, dans lesquelles il traite séparément de la loi qui régit la
succession *ab intestat* et de la loi qui régit les dispositions testamentaires. Cette division a le grave inconvénient, non seulement de
l'obliger à des redites, mais surtout de ne pas lui permettre de
s'attacher assez étroitement à l'idée fondamentale que les successions et les testaments forment en droit international privé une
seule et même matière. Cette conception dans l'ordonnance générale
du mémoire nuit à la synthèse du travail et à l'unité du sujet.

Ces inconvénients s'aggravent de subdivisions multipliées dans
chaque section, où l'auteur traite successivement : 1° de la théorie ;
2° du droit français ; 3° du droit étranger ; et 4° des traités de la
France avec les autres pays. Les traités de la France font cependant
partie du droit national ; et l'étude préalable des lois de la France
et des lois étrangères eût donné plus d'aliments aux spéculations de
la théorie, plus de force aux propositions de réformes formulées par
l'auteur.

La seconde critique encourue par le mémoire est relative à l'histoire du conflit des lois successorales. Elle ne se confond pas avec
celle du droit d'aubaine sur lequel le mémoire s'est beaucoup trop
étendu ; elle se trouve dans une lente et obscure évolution du droit,
du moyen âge à la fin du dix-huitième siècle, évolution correspon-
dant secrètement à celle des institutions. La Faculté désirait que
cette histoire fût faite. Elle eût fourni à l'auteur des armes pour sa
thèse réformatrice de l'article 3 du Code civil, et tendant à faire régir
les successions immobilières ou mobilières par une seule loi, la loi
nationale du défunt.

Pour combler ces lacunes du mémoire, il fallait sans doute de
laborieuses recherches ; mais l'auteur a montré qu'il en était capable.
Il eût pu saisir, vers la fin du treizième siècle et le commencement
du quatorzième, les origines de la théorie des statuts, naissante au
milieu des hésitations, des obscurités, des controverses des juristes, et

surtout des juristes italiens, succédant aux glossateurs, sur une terre échappant à l'action féodale.

D'après Albéric de Rosate, la loi prépondérante doit être celle du défunt. C'est cette doctrine de juristes italiens, si anciennement émise, indépendante des influences de la féodalité, dont la ruine fut consommée par elle à travers les siècles suivants, qui a retrouvé quelques défenseurs à l'heure de la chute du régime féodal, et qui reprend enfin faveur de nos jours. C'est cette doctrine que l'auteur du mémoire soutient, non sans raison, comme étant la plus équitable et la plus rationnelle. Mais cette histoire, ces origines lointaines de la doctrine qui lui est chère, lui ont échappé. Il est vrai qu'elles pouvaient échapper aux plus savants, mais non à M. le rapporteur Lainé, dont nous mettons la science à profit.

Les juristes français tenaient au contraire dès le treizième siècle, contre les juristes italiens, pour la loi de la situation des biens. Mais trois autres opinions étaient encore en présence, dont celle étrange de Barthole, fondée sur la disposition matérielle des mots, qui venait cependant à l'appui du système rationnel soutenu au delà des Alpes, en admettant la personnalité de la loi des successions dans le cas où, par ses termes, elle s'adressait directement aux personnes.

Du treizième au seizième siècle le travail des idées féodales a pour conséquence le triomphe d'une théorie des statuts entièrement opposée à celle des juristes italiens. Dargentré en donne la formule. Les statuts sont réels ou personnels; la réalité est la règle et la personnalité l'exception; donc le statut des successions est certainement réel, comme le soutenaient déjà les juristes français du treizième siècle, l'exception n'étant admise que pour l'état des personnes et ne portant même sur leur capacité que dans des limites étroites.

Ainsi s'est faite, pour des siècles, cette doctrine étroite de la réalité des lois successorales. Elle triomphe aussi hors de France, dans les Pays-Bas, et partout où se trouvent des provinces jalouses de leurs coutumes, comme l'avait été la Bretagne, la patrie de l'auteur de la dissertation sur les statuts réels et personnels.

Cependant au dix-huitième siècle, au moment où l'esprit public commence à secouer le joug féodal, Boullenois, dans la préface de ses *Dissertations*, s'enhardit à proclamer ses préférences pour la théorie qui fleurissait en Italie et fut celle d'Albéric de Rosate cinq siècles auparavant : « Que la coutume du domicile règle seule, dit-il, « toute la succession d'un défunt, encore que ses biens soient « répandus dans plusieurs provinces. »

Mais ce n'est encore qu'une protestation passagère contre la doctrine féodale de la réalité des lois successorales, qui a continué à être universellement admise en France jusqu'à Pothier, jusqu'au Code civil, et presque jusqu'à nos jours, bien qu'elle n'ait plus de raison d'être, sur ce point de notre droit privé, dans la France issue de la Révolution.

L'idée nouvelle est que le règlement des successions se rattache, non au régime de la propriété, mais à celui de la famille.

L'auteur du mémoire conclut dans le sens d'une réforme de l'article 3 du Code civil, qui serait le triomphe de cette idée supérieure à celle du passé.

Une ordonnance du mémoire plus conforme à l'unité du sujet, l'histoire absente du conflit des lois successorales, eussent donné à son œuvre un caractère plus personnel et plus scientifique, et à ses conclusions plus de force et plus d'autorité.

Néanmoins le mémoire est riche en dissertations bien faites, en recherches savantes, en discussions habilement conduites. La Faculté a remarqué spécialement celles qui traitent de la combinaison des traités avec l'article 2 de la loi du 14 juillet 1819 ; de la jurisprudence admise en matière de succcession mobilière ; du conflit des lois dans nos colonies ; du rôle des lois d'ordre public dans le conflit des lois ; des règles financières en matière de succession dans leur rapport avec le Droit international privé, etc.

Par ces motifs et ceux que nous avons déjà signalés, la Faculté accorde à l'auteur du mémoire un témoignage de haute estime en lui décernant une récompense de 1 500 francs.

La Faculté regrette d'ignorer et de ne pouvoir proclamer son nom. Par le règlement de ces concours, elle s'est interdit de briser *le pli renfermant le nom des auteurs qui n'obtiennent pas les prix* dans leur intégralité. Ils doivent eux-mêmes, s'il leur plaît, se faire connaître à la Faculté, après l'avis publié de la distinction accordée à leur œuvre. L'auteur de ce mémoire ne l'a pas fait encore. La Faculté espère que ce n'est qu'un retard[1]. Elle verrait avec peine que ce mémoire retouché fût perdu pour la science.

Nous avons commencé ce compte rendu en vous indiquant ce qui rapprochait les mémoires des deux concours Rossi. Je termine en exprimant un vœu unanime de la Faculté qui leur est commun.

Peut-être me suis-je attardé, Messieurs, à vous entretenir de ces deux concours. Mon excuse se trouve dans leur nature même, dans l'importance des travaux soumis au jugement de la Faculté, et dans le nom de Rossi qui préside à ces luttes scientifiques et pour la mémoire duquel le fidèle compte rendu de ces concours est le plus respectueux des hommages.

Ceux de nos concours scolaires qui s'en rapprochent le plus sont les concours du Doctorat. Ils sont de deux sortes : le concours

---

1. Ce vœu a été entendu, et pendant l'impression de ce rapport, l'auteur s'est fait connaître : M. Vignerte, Professeur de Droit romain à la Faculté de Droit de Rennes.

ouvert entre les thèses subies devant la Faculté pendant la précédente année, et le concours de Doctorat proprement dit, ouvert entre les docteurs et les candidats en Doctorat, et qui a pour origine, dans cette École, la fondation Ernest Beaumont, comme les concours de la troisième année de licence.

Les candidats à ce concours du Doctorat avaient à traiter cette année : *De la sanction civile des obligations de faire et de ne pas faire.*

Ce sujet, heureusement choisi par M. le Ministre de l'Instruction publique, parmi ceux proposés par la Faculté, a donné lieu à trois mémoires, dont deux ont mérité les prix.

Ils ont traité des obligations de faire ou de ne pas faire proprement dites, résultant des conventions, et auxquelles s'appliquent certainement les articles 1142 à 1144 du Code civil, et des devoirs imposés par la loi.

Sur ce second point ils ont fait une étude intéressante des difficultés juridiques que soulève la mise en œuvre des obligations légales de faire et de ne pas faire, qui puisent leur origine et leur raison d'être dans la constitution de la famille : tel le devoir de cohabitation imposé aux époux par l'article 214 du Code civil et celui de ne pas soustraire les enfants mineurs à l'action de celui de leurs parents qui en a la garde.

Comment vaincre, en de telles matières, la résistance ? que faire aussi lorsque l'époux ou le parent, réfractaire à la loi, s'enfuit à l'étranger, enlève les enfants et les y transporte ? quels moyens d'action la loi peut-elle donner sur les personnes, en présence de la règle *nemo præcise cogi potest ad factum*, et du principe de la liberté individuelle ? Quels moyens d'action donne-t-elle sur les biens, sans s'exposer à nuire parfois aux intérêts de l'enfant qu'elle veut protéger ?

Ces questions, souvent soumises aux tribunaux français et à ceux des autres pays, donnaient lieu à d'utiles comparaisons. Les lauréats ont étudié aussi les dispositions du Code civil et leur histoire, ainsi que la formation accidentée de la jurisprudence sur ces questions, dont la nature est telle que chaque procès qu'elles engendrent, est un drame qui déchire au moins une âme humaine, dans ses sentiments les plus profonds et les plus sacrés.

Des deux mémoires couronnés, celui qui obtient le premier prix se distingue par la netteté, la méthode, la clarté, la fermeté, parfois trop brève, de ses développements et de ses déductions, et celui qui reçoit le second prix par une ampleur de développements plus grande et souvent distinguée, mais qui embrasse moins entièrement son sujet.

Pour exprimer tout entière la pensée de la Faculté, je crois devoir transcrire le passage suivant du judicieux rapport de M. Jobbé-Duval

présenté au nom de la Commission[1] chargée du travail préparatoire :
« Nous nous trouvons, dit-il en parlant du premier mémoire cou-
« ronné, en présence d'une dissertation qui, même dans sa forme
« actuelle, sera consultée avec fruit par ceux qui s'occuperont
« désormais du sujet. Aussi la Commission vous propose-t-elle à
« l'unanimité d'accorder à ce mémoire une première médaille. C'est
« par des mérites différents de ceux du précédent que se recommande
« le manuscrit classé le second. Moins clair et moins bien composé
« que le premier, il offre par endroits une originalité supérieure.
« L'auteur est certainement un esprit vigoureux : car il aime les
« formules substantielles et concises et il en rencontre fréquemment
« de fort heureuses. Il se plaît aussi à retracer le mouvement des
« idées juridiques, en analysant finement les sources de l'histoire
« du Droit. Pourquoi faut-il que le temps lui ait manqué et qu'il
« n'ait pu élaborer d'une façon suffisante les éléments dont il dis-
« posait. »

Sur les conclusions unanimes de la Commission, la Faculté
décerne la première médaille d'or du Doctorat à M. Delom de Mézerac,
et la seconde médaille d'or à M. Meynial.

Dans l'autre concours du Doctorat, ouvert entre les thèses soutenues devant la Faculté, du 1er janvier 1884 au 1er janvier 1885,
quatre thèses obtiennent un prix, deux obtiennent des mentions
très honorables, et quatre des mentions honorables.

Ces prix sont mis à la disposition de la Faculté par M. le Ministre
de l'Instruction publique sur les fonds de l'État.

Les quatre prix sont accordés :

A M. Gontard, qui a traité de *la personnalité de l'esclave* en Droit
romain, et de *l'effet des conventions matrimoniales sur les droits des
créanciers antérieurs au mariage* en Droit français ;

A M. Petiet, qui a traité *du régime dotal* sous Justinien et *des
effets des jugements d'adjudication sur surenchère* en Droit français ;

A M. Piédelièvre, qui a traité de l'*Interdit salvien* en Droit romain,
et de *la règle « meubles n'ont pas de suite par hypothèque »* en Droit
français ;

A M. Prenat, qui a traité du *droit des mânes* en Droit romain, et *de
la faculté accordée à la femme de reprendre son apport franc et
quitte* en Droit français.

Ces quatre thèses, auxquelles, sont attribués les prix de ce
concours, présentent entre elles des différences, expliquées avec soin
dans le rapport détaillé fait par M. Chavegrin au nom de la Commis-

---

1. Composée de MM. Colmet de Santerre, Gérardin, Professeurs, et Jobbé-
Duval, *rapporteur*, Agrégé.

sion[1] chargée de ce long travail de préparation. MM. Gontard et Petiet doivent principalement leur succès à des thèses de Droit français d'une rare valeur. Le très grand mérite de celle de M. Piédelièvre tient au contraire à l'unité de l'œuvre dans toutes ses parties; il a su, dans l'un et l'autre droit, embrasser tout entier et dominer un vaste sujet. Dans celle de M. Prenat, au contraire des deux premières, c'est surtout la thèse de Droit romain, nouvelle, originale, dans laquelle le lettré, l'archéologue, le juriste se complètent, qui a déterminé le suffrage de la Commission et à sa suite celui de la Faculté.

Les deux thèses qui suivent ne sont pas à une très grande distance des précédentes; celle de M. Brun, sur *la garantie en cas d'éviction dans les ventes de choses incorporelles*, en Droit romain, et *sur les personnes tenues de libérer les actions des sociétés et les recours qu'elles peuvent avoir les unes contre les autres*, en Droit français; et celle de M. Thomas, sur *les réquisitions militaires et le logement des gens de guerre chez les Romains et en France jusqu'en 1789*.

Aussi la Faculté, sur la proposition formelle de sa Commission, a voulu témoigner exceptionnellement de son estime particulière pour ces deux thèses, en conférant à chacune d'elles une mention très honorable.

Des mentions honorables sont accordées à MM. Derecq, Fayou, Milhaud et Vigneron, pour des travaux qui leur font véritablement honneur dans une mesure qui dépasse les conditions de l'obtention normale du grade de Docteur.

M. Derecq a traité en Droit romain des *rapports de la société avec les tiers*, et, en Droit français, *des sociétés civiles à formes commerciales*.

M. Fayou, du *Jus sepulchri* en Droit romain, et *de la diffamation* en Droit français;

M. Milhaud, de *la succession in locum creditorum* en Droit romain, et *des conflits des lois en matière de privilèges et d'hypothèques au point de vue du Droit positif français*;

M. Vigneron, du *pignus nominis* et du *pignus pignoris* en Droit romain, et *du gage des meubles incorporels* en Droit français.

Si vous voulez bien songer, Messieurs, que ces dix thèses récompensées sont prélevées par la Faculté elle-même sur un ensemble de 61 thèses de Doctorat soutenues avec succès devant elle pendant l'année 1884, vous estimerez combien ces récompenses, même les simples mentions honorables que nous venons de proclamer, sont précieuses pour ceux qui les obtiennent. Peut-être même me serait-il permis de dire que trois autres thèses envoyées au jugement de la

---

1. Composée de MM. Rataud, Labbé, Desjardins, Professeurs; Léon Michel et Chavegrin, *rapporteur*, Agrégés.

Commission *et qu'elle n'a pas proposé de récompenser*, ont encore reçu de ce nouvel examen un témoignage qui, pour être entièrement intérieur, n'est pas sans valeur.

Enfin, Messieurs, ne trouvez-vous pas dans cette extrême variété d'œuvres méritantes à des degrés divers, dues à la plume de nos Docteurs, soit dans le concours des thèses, soit dans le concours de Doctorat proprement dit, *une nouvelle preuve de la vérité que j'énonçais en vous rendant compte des concours Rossi?* Ces travaux de nos docteurs ne témoignent-ils pas de ce mouvement des idées dont nos Facultés sont un ardent foyer, dans toutes les branches de la législation, de la jurisprudence, du droit et de leur histoire?

Les 180 compositions soumises à la Faculté dans les concours de licence, bien qu'improvisées en six heures, témoignent aussi de la force des études. C'est ce qui résulte des rapports préparatoires soumis à la Faculté par MM. Henry Michel, Lainé, Beauregard, Léon Michel, Larnaude et Le Poittevin, dont je vais chercher à m'inspirer dans l'accomplissement de cette dernière partie de ma tâche. Elle n'est pas la moins douce à remplir pour votre rapporteur général, puisqu'elle concerne directement le plus grand nombre des élèves de la Faculté, la masse profonde dans laquelle se recrutent incessamment le Doctorat et les carrières ouvertes par la licence en Droit.

Les deux concours de troisième année auxquels s'applique encore la généreuse fondation de Mme Beaumont, promettent une nombreuse élite de concurrents aux épreuves et aux futurs concours du Doctorat.

Trente compositions ont été produites pour le concours de Code civil de troisième année; le sujet en était ainsi formulé : de *l'immutabilité des conventions matrimoniales*.

Sur les propositions de la Commission[1] chargée de les examiner, la Faculté accorde le premier prix à M. Deschamps pour une composition remarquable par sa précision et son exactitude.

Le second prix est attribué à M. Deslandres pour une composition moins prudente, mais témoignant aussi d'un tact juridique déjà formé.

Deux autres compositions dans lesquelles la Faculté a constaté une connaissance du sujet égale aux précédentes et même une activité plus ardente, avec moins d'ordre et de méthode, obtiennent une première mention honorable *ex æquo;* leurs auteurs sont MM. Dubost et Truchy.

Une seconde mention est décernée à MM. Audouin et Duguet,

---

1. Composée de MM. Bufnoir, Boistel, Professeurs; et Léon Michel, *rapporteur*, Agrégé.

pour des travaux moins personnels, dont la composition est soignée et qui contiennent d'heureux détails.

MM. Bonpaix, Bouchon et Lecouturier reçoivent une troisième mention pour des copies dans lesquelles la Faculté a trouvé, comme dans les six premières, l'exposition consciencieuse du sujet dans ses grandes lignes et ses difficultés classiques.

Le sort a désigné le cours de Droit international privé pour fournir le sujet du second concours de troisième année; il est ainsi conçu : *de la forme des testaments fa ts par les Français en pays étrangers ou par les étrangers en France.*

Vingt-sept compositions ont été déposées[1]. M. Couturier reçoit le premier prix pour un travail qui se distingue des autres par un exposé d'idées générales qui lui servent à éclairer le sujet et par un énoncé de principes auquel il rattache les décisions de la loi et la solution des questions douteuses.

Après une hésitation qui honore le troisième rang, la Faculté décerne le second prix à M. Morand et la première mention honorable à M. Bonpaix. Celui-ci déploie sur le sujet des connaissances plus étendues; mais celui-là met mieux en œuvre ce qu'il sait, et fait preuve d'une intelligence plus nette des choses juridiques.

Une seconde mention *ex æquo* est attribuée à MM. Lecouturier et Tarbouriech; avec moins de personnalité que les précédents, ils ont fait l'un et l'autre un exposé complet de la matière.

MM. Deschamps et Samama reçoivent une troisième mention *ex æquo*; leurs compositions ont des parties bien traitées, mais elles présentent plus d'inégalité.

M. Duguet obtient une quatrième mention pour une composition trop brève, qui a su toucher cependant avec concision aux diverses questions de son sujet.

C'est aux votes du Conseil municipal que sont dus les prix accordés aux étudiants de seconde et de première année; aussi portent-ils le titre de prix de la Ville de Paris.

Ces prix ont été aussi vaillamment disputés; et le jugement de la plupart de ces concours a exigé, de la part des Commissions préparatoires, des lectures répétées et de scrupuleuses délibérations.

Les étudiants de seconde année ont remis trente-cinq compositions au concours de Droit romain qui leur est assigné par les règlements, et vingt-sept au concours qui a été ouvert cette année sur le Code civil par l'indication du sort.

1. Commission composée de MM. Vuatrin, Renault, Professeurs; et Lainé, *rapporteur*, Agrégé.

En Droit romain ces étudiants avaient à traiter *de la demeure et de ses effets.*

Le premier prix est attribué à M. Coste, sur la proposition de la majorité de la Commission[1]. La composition de M. Boissarie, qui obtient le second prix, avait mérité le suffrage d'un membre de la Commission pour le premier rang. Elle est plus brillante au point de vue du style et de l'art dans l'ordonnance du travail; celle de son heureux concurrent a été jugée plus ample, plus complète, plus remplie de comparaisons ingénieuses entre l'institution étudiée et les institutions voisines.

MM. Boulloche et Hitier remportent une première mention honorable *ex æquo* pour de bonnes compositions, qui contiennent quelques lacunes.

Une deuxième mention honorable est obtenue par M. Desplas pour une composition, trop sommaire sur la nature et les conditions de la demeure, mais contenant sur les effets de la demeure une étude lui valant une place à part.

Une troisième mention *ex æquo* est attribuée à MM. Destremau et Hulmann, pour des dissertations qui annoncent des connaissances très sérieuses; et une quatrième mention également *ex æquo* à MM. Delzons, Mercier et Tissier, dont les travaux présentent de réelles qualités mêlées à des imperfections.

Dans le concours de Code civil, les étudiants de seconde année devaient exposer *les conséquences de l'effet déclaratif du partage.*

M. Hitier remporte le premier prix, et cette fois M. Coste, lauréat des deux concours, ne reçoit que le second. Toutefois, la Commission[2] a fait l'aveu d'hésitations qui honorent l'un et l'autre. La composition de M. Coste renferme des développements abondants sur certaines parties de son sujet; il y a fait preuve d'initiative personnelle et de hardiesse; mais de graves lacunes dans son travail ont fait pencher la balance au profit de celui de M. Hitier, plus égal, plus complet, et qui a déterminé avec une supériorité marquée la vraie nature de la règle inscrite dans l'article 883 du Code civil.

La Faculté accorde la première mention honorable *ex æquo* :

A M. Boulloche, pour une composition d'une ingéniosité rare et dont le style, quelquefois étrange, est incisif et plein de relief;

A M. Jarriand, pour une composition qui joint une incontestable originalité et une forme très personnelle à une connaissance approfondie des principales parties de son sujet;

1. Composée de MM. Labbé, Gérardin, Professeurs; et Henry Michel, *rapporteur*, Agrégé.

2. Composée de MM. Duverger, Demante, Professeurs; et Larnaude, *rapporteur*, Agrégé.

Et à M. Noulens, pour une composition qui est peut-être la plus complète sur l'histoire du caractère du partage.

Une seconde mention honorable est accordée à MM. Lepelletier, Moulins et Rachou ;

Une troisième mention à MM. Brissaud et Guérin ;

Une quatrième mention à MM. Beudant et Ernault.

Une revision minutieuse a été nécessaire pour le classement de ces sept compositions. Les développements de celles qui obtiennent la seconde mention sont en général plus complets ; celles qui obtiennent la troisième mention renferment de bonnes discussions ; et des deux compositions qui, malgré des parties faibles, reçoivent la quatrième mention honorable, celle de M. Beudant s'est distinguée par une introduction historique fort développée et très intéressante, et celle de M. Ernault par une bonne dissertation sur l'article 1220 du Code civil.

Ce sont encore les prix de la Ville de Paris qui sont décernés dans les deux concours ouverts aux étudiants de première année.

En Droit civil, ils avaient à traiter *du rôle et des attributions du conseil de famille.* Vingt-neuf compositions ont été déposées, dans lesquelles la Commission[1] a jugé que « les concurrents ont en général fait preuve d'une connaissance convenable des matières de première année que touche le fonctionnement du conseil de famille ».

La Faculté récompense six compositions. Elle décerne le premier prix à M. Uzé, pour une dissertation bien ordonnée dans laquelle il montre de la vigueur d'esprit.

Le second prix échoit à M. Fonvieille, pour un travail qui présente des qualités analogues, avec des omissions en partie compensées par des mérites de style.

Une première mention honorable est attribuée à M. Geffroy, pour une composition qui aurait pu prétendre à un rang plus élevé, si son ensemble eût égalé les pages qui la terminent.

La Faculté accorde une deuxième mention à M. Lagrange pour une composition moins approfondie, mais ingénieuse, alerte, et contenant des renseignements intéressants sur le droit gaulois ;

Une troisième mention à M. Vernudachi, pour une composition inachevée, mais remarquable dans la partie traitée ;

Et une quatrième mention à M. Hayes pour une composition qui présente un assez curieux mélange de défauts et de qualités qui ont séduit les juges.

Le sort a désigné le Droit romain en première année, comme le

---

1. Composée de MM. Colmet de Santerre, Beudant, Professeurs ; et Beauregard, *rapporteur*, Agrégé.

Code civil en seconde année, pour fournir le sujet du deuxième concours ouvert entre les plus jeunes étudiants de la Faculté.

Le sujet proposé était ainsi conçu : *De l'émancipation ; insister sur les différences qui existent en cette matière entre le Droit romain et le Droit français.*

Trente-deux compositions ont été remises. La Faculté, sur la proposition de la Commission préparatoire[1], a pensé qu'il n'était que justice d'en couronner douze dans un concours dont l'ensemble a laissé la plus favorable impression.

Le premier prix est acquis à M. Tenaille de Vaulabelle, pour un travail qui serait à peu près parfait sans quelques négligences de style et une erreur commise par irréflexion en Droit français.

Un travail presque de la même valeur fait obtenir le second prix à M. Fonvieille, qui mérite ainsi la même médaille dans les deux concours de Droit civil et de Droit romain.

Une première mention honorable est accordée à M. Geffroy, qui obtient aussi la même distinction dans les deux concours de son année ; sa composition révèle de l'esprit d'analyse ; elle n'est pas à une grande distance de la précédente et elle est sensiblement au-dessus de celles qui suivent.

C'est cependant encore la note « très bien » que méritent les compositions de MM. Crémieux, Delacourtie et Trumet de Fontarce, à qui la Faculté décerne une deuxième mention honorable.

Des nuances seulement séparent, à un degré de valeur moindre, les mérites divers des six autres compositions auxquelles la Faculté décerne les troisième et quatrième mentions honorables. MM. Jeanmaire, Mayer et Uzé obtiennent la troisième, et MM. Defauconpret, Demanche et Matter la quatrième. Toutes leurs copies, même les dernières, contiennent d'abondantes preuves de savoir et de jugement. J'ajoute, que parmi celles auxquelles la Faculté ne peut étendre ses couronnes, il en est qui, dans un concours moins réussi, eussent pu mériter d'être classées en rang utile.

Nous ne pouvions, Messieurs, terminer ce tableau de nos richesses, par un concours plus brillant et plus plein d'espérances.

La Faculté, satisfaite du présent, est heureuse aussi de ces promesses d'avenir.

Et vous, Messieurs les lauréats, de tout âge et de tout ordre ; vous tous, Messieurs les étudiants, émules aujourd'hui et peut-être vainqueurs demain ; ne puis-je être aussi l'interprète de vos sentiments, au moment où vous recevez ces récompenses que la Faculté vous décerne.

---

1. Composée de MM. Garsonnet, Lyon-Caen, Professeurs ; et Le Poittevin, *rapporteur*, Agrégé.

Leur haute valeur n'est-elle pas encore augmentée pour vous, par les touchants et glorieux souvenirs qui s'attachent à elles? Deux nobles femmes, obéissant aux sentiments les plus élevés et les plus profonds du cœur humain, une mère, une épouse, ont voulu que le nom de ceux qu'elles ont aimés, fût associé à vos travaux, à vos succès, à ces récompenses qu'elles ont généreusement assurées à toutes les générations de lauréats, qui dans la suite des temps, comme aujourd'hui, se succéderont ici. Toutes rediront avec nous le nom d'Ernest Beaumont, ce jeune docteur ravi à l'amour maternel et à l'espoir de ses maîtres, à l'heure ou il s'essayait à devenir l'un des leurs. Toutes aussi rediront avec nos successeurs, et de plus avec le monde entier, mais de leur part avec un respect, où continuera de dominer une sorte de sentiment filial, l'illustre nom de Rossi, qui a jeté tant d'éclat sur l'une de nos chaires, comme sur tout ce qu'il a touché dans le cours de sa belle et dramatique carrière, à Bologne, à Genève, à Paris, à Rome, avant d'être l'héroïque victime de la science, du devoir et de la liberté.

Enfin, Messieurs, dans cette solennité, ne convient-il pas d'évoquer encore dans une pensée de gratitude deux grandes personnalités, chargées d'ans, mais immortelles, qui s'unissent ici pour encourager vos travaux et les récompenser : La Ville de Paris, qui veut concourir généreusement à l'agrandissement nécessaire de cette École, et dont les prix se joignent aux prix Ernest Beaumont et du comte Rossi ; et l'Université de France, qui vous couronne par nos mains, dont nous sommes les fils et les organes, qui n'est autre que la nation elle-même dans son unité et dans sa liberté, et dont les destinées se confondent avec celles de la Patrie.

Paris. DELALAIN FRÈRES, Imprimeurs, 1 et 3, rue de la Sorbonne.

www.ingramcontent.com/pod-product-compliance
Lightning Source LLC
LaVergne TN
LVHW010052060726

842524LV00006B/2146